HISTOIRE

DU

STADHOUDERAT

DEPUIS SON ORIGINE

JUSQU'A PRESENT.

par M.r l'Abbé Reynal

A LA HAYE.

M. DCC. XLVII.

A MONSIEUR
LE MARQUIS
DE B***.

Monsieur,

JE vous ai vû balancer les intérêts des Nations avec tant d'impartialité, suivre le fil des affaires publiques avec tant de pénétration, développer le génie des peuples avec tant de finesse, que je me suis cru authorisé à vous adresser un Ecrit qui a quelque rapport à ces connoissances. Les évennemens singuliers, mais sans principes: les faits curieux, mais sans liaison : les révolutions étonnantes, mais sans but, peuvent amuser & amusent souvent la multitude. Les Philosophes comme vous, Monsieur, exigent quelque chose de plus. L'histoire ne les interesse que par de grandes scénes, occasionnées par de grandes passions, traversées par de grands obstacles, soutenues par de grands intérêts, compliquées par de grands ressorts, conduites par de grands génies. L'histoire du stadhouerat m'a paru réunir ces avantages. Vous y verrés une maison puissante & fertile en grands hommes, se former un sistême d'élevation, & ne le jamais perdre de vue. Guerres étrangeres, guerres civiles, guerres de religion, émotions populaires, alliances; les Princes d'Orange ont tout rapporté au projet qu'ils avoient formé d'usurper la Souveraineté des Provinces Unies. Tous les Stadhouders n'ont pas marché d'un même pas vers ce but: le premier y tendoit par l'insinuation, le second par la hauteur, le troisiéme par la modération, le quatriéme par l'emportement, le cinquiéme par l'intrigue ; la voix publique nous aprendra ce que nous devons penser du sixiéme. Je me suis proposé de marquer la marche de ces differens caracteres. Si c'étoient des vertus que j'eusse eû à peindre, la chose auroit été plus aisée ; j'en aurois trouvé le modéle dans Vous.

J'ai l'honneur d'être avec un très-respectueux attachement,

MONSIEUR,

Votre très-humble & très-obéissant serviteur
* * *

HISTOIRE

D U

STADHOUDERAT.

L Es Pays-Bas gémissoient depuis assez long-tems sous un joug qu'ils detestoient, quand Philippe II, en voulant l'appesantir, le brisa. Ce Prince né pour le malheur de l'Europe qu'il boulversa par ses intrigues, & de plusieurs de ses Provinces, qu'il innonda de sang, entreprit d'assujettir aux mêmes loix les Espagnols & les Flamands; c'est-à-dire, les deux Peuples du monde dont le caractere avoit peut-être le moins de rapport. Quand les Flamands, n'auroient pas été jaloux des priviléges dont on travailloit à les dépouiller pour introduire la nouvelle forme de gouvernement, ils les auroient deffendus avec courage contre les entreprises d'un monarque injuste qui leur étoit devenu odieux. Le souvenir du passé leur rendoit le présent insupportable. Ils avoient admiré dans Charles-Quint un Héros fameux dans tout l'univers, par ses combats, par ses exploits ; ils méprisoient dans Philippe II. un Prince sans talent pour la guerre, sans estime pour les faits heroiques. L'Empereur les avoit charmés par une bonté majestueuse & accessible ; le Roy les révoltoit par un orgueil oriental qui le rendoit invisible à son peuple. Le premier parloit la langue du pays où il vivoit, & témoignoit de l'estime pour ses usages ; le second parloit Espagnol dans Bruxelles, & vivoit à Anvers comme il auroit vécu à Madrid. L'un avoit travaillé à s'attacher les cœurs: l'autre ne fongeoit, ce femble, qu'à les aliéner.

Philippe entrevit ces fentimens, & il en fut offenfé. Il alla trouver des fujets plus courtifans où plus foumis en Efpagne, & laiffa à Granvelle le fecet de fe projets, & le foin de fa vangeance. Ce Cardinal n'avoit point de naiffance, peu d'efprit, affez de manége, beaucoup d'ambition, & encore plus d'audace, d'orgueil & de méchanceté.

il voulut établir le Tribunal de l'Inquisition, & créer quelques Evêques qui en devoient être les appuis; nouveautés odieuses en elles-mêmes, insuportables par la hauteur & la dureté du Ministre qui les proposoit. Les Flamands irrités, porterent leurs plaintes au pied du Trône : ils firent plus, ils inviterent Dom Carlos à venir se mettre à leur tête, & à les garantir des conseils violens & précipités, que la jalousie de leur vertu & de leur gloire inspiroit à leurs ennemis. Ce jeune Prince étoit né avec cette grandeur d'ame, cette paſſion pour la gloire, cette élevation de courage, cette compaſſion pour les malheureux qui font les Héros; il dégradoit ces vertus par une goût décidé pour les choſes extraordinaires & ſingulieres qui fait ſouvent des avanturiers. Le projet qu'on lui avoit communiqué, lui parut noble, parce qu'il étoit extravagant, & il s'y livra; il paya de ſa tête le conſentement qu'il avoit donné à une idée ſi bizarre; & le Duc d'Albe fut envoyé en Flandre pour réduire ou pour exterminer les mécontens.

Ce grand Capitaine, que Charles V. qui possedoit souverainement l'art de se connoître en hommes metoit au dessus de tout, affecta d'abord des intentions pacifiques. Il invita à une conférence tranquille les trois Seigneurs que leur naissance, leurs richesses, leur crédit, leur mérite rendoit plus odieux & plus redoutables au Monarque qu'il représentoit. Le Comte d'Egmont étoit célébre pour ses victoires : le Comte de Horn Montmorenci adoré pour sa bonté: le Prince Guillaume d'Orange admiré pour sa sagesse; le premier avoit plus de réputation, le second plus d'amis; le troisiéme plus d'authorité. Egmont & Horn compterent sur la parole d'un homme qui comptoit pour rien une trahison; & le Comte d'Egmont voyant que les biens du Prince d'Orange, qui refusoit de prendre ce parti, alloient être confisqués, il lui dit, en prenant congé de lui: *adieu Prince sans terre*. Le Prince lui répliqua: *adieu Comte sans tête*. L'évenement justifia la derniere prédiction.

La mort de ces deux Seigneurs aliena sans retour le cœur des Flamands, & plaça le Prince d'Orange sans concurrent à la tête des affaires. De tous les Grands de ce Pays-là, Granvelle n'avoit jamais craint que Guillaume, seul capable à ses yeux de former & de soûtenir un parti. Aussi ce Cardinal retiré à Rome où il apprit le desastre des Pays-Bas, demanda-t-il avec empressement si le Taciturne étoit pris, nom qu'il avoit donné au Prince d'Orange. Quand on lui eut dit que non, il ajoûta que le Duc d'Albe n'avoit rien fait. En effet Guillaume I. étoit assez hardi pour concevoir de grands desseins, assez généreux pour s'y livrer, assez brave pour les exécuter. Il eut pour la vie & pour les plaisirs cette indifference qui est le premier fondement des grandes entreprises. Il vouloit acquerir de la gloire, ou si on l'aime mieux de la réputation, & il n'est point de voye pour y réussir qu'il ne fut capable de prendre. Il régardoit comme un malheur de n'avoir pas vecu dans ces tems fameux où le mérite seul des particuliers faisoit la destinée des empires ; il eut le bonheur d'associer des peuples nombreux à son ambition & à sa haine. Ces passions étoient dans le cœur du Prince, mais elle n'y regnoient pas ; leur violence n'aveugla pas sa sagesse, & il sentit que sa partie n'étoit pas assez bien liée pour éclater. Il se retira dans le cœur de l'empire, où il traça à loisir le plan de la revolution qu'il méditoit. Guillaume, entre autres talens, avoit celui de séduire tous ceux qu'il entretenoit. Il gagna si bien l'estime & la confiance des

Princes proteſtans d'Allemagne qu'ils lui prodiguerent leurs vœux, leurs conſeils, leurs troupes, & ce qu'on aura quelque peine à croire leurs treſors.

Avec ces ſecours le Prince d'Orange entra deux fois dans les Pays-Bas, & deux fois il échoua par la foibleſſe ou l'irréſolution des Flamands qui craignoient de trop hazarder en ſe déclarant. Les grands revers qui dans les affaires communes doivent ſurprendre, les eſprits, ſont des accidens naturels aux entrepriſes extraordinaires; Ils abbatent les ames vulgaires,

vulgaires, ils affermissent les cœurs généreux. Guillaume commença à mieux espérer d'une entreprise si traversée. Il prit pour sa dévise un plongeon, poisson de mer qui paroit toûjours sur le haut des vagues, avec ces paroles: tranquille au milieu de l'orage, *mediis tranquilus in undis*; & par le conseil de l'Amiral de Coligni, il tenta le sort de la mer. La fortune qui l'avoit traversé jusqu'àlors, se réconcilia avec lui. Il s'empara heureusement & en peu de tems de la Hollande, de la Zélande, d'Overissel, de la Gueldre, de la Frise &c. Les Espagnols plus aigris qu'étonnés par ces malheurs firent les plus grands efforts pour les réparer. La guerre devint vive, sanglante, générale: Les succès douteux, variés, difficiles: la haine implacable, aveugle, immortelle. Enfin le Prince d'Orange vainqueur successivement de la séverité du Duc d'Albe, de la sagesse du Commandeur de Requesens, des insinuations de Don-Jouan d'Autriche, de l'experience du Duc de Parme, eut la consolation de donner à Utrecht 1549. une forme aux Etats généraux, autrement les sept Provinces unies qui le choisirent pour leur Stadhouder.

LA dignité de Stadhouder lui donna bien des prérogatives : les plus flateuses étoient 1°. d'accorder grace aux criminels. 2°. d'être Président de toutes les cours de Justice, & de faire mettre son nom à la tête de tous leurs jugemens. 3°. de choisir les Magistrats des Villes sur quelques sujets qu'on lui présentoit : dans plus d'un lieu, il avoit même la disposition entiere des

Guillaume I. Prince d'Orange, Ier Stadhouder, Capitaine & Amiral Général. 1579.

charges. 4° d'envoyer en son nom & pour ses interêts des Plenipotentiaires dans les Cours étrangeres, & de donner audiance particuliere aux Ambassadeurs des Puissances étrangeres auprès des Etats généraux. 5°. de procurer l'éxécution des Décrets portés par la République. 6°. d'être arbitre des differens qui survenoient entre les Communautés, les Villes où les Provinces. Outre le Stadhouderat, Guillaume obtint les charges de Capitaine & d'Amiral général qui lui donnoient le Commandement en chef des Armées & des Flottes de la République, avec la disposition de tous les emplois qui en dépendoient; tous les Officiers de guerre étoient obligés de lui prêter serment, après l'avoir prêté aux Etats de la Province & au Conseil d'Etat. Ces trois grandes places sont devenues depuis comme inséparables. Le Prince d'Orange ne jouit pas long-tems de tant de faveur. Il fut assassiné à l'âge de 51 ans par Baltazar de Guerard, Fran-Comtois, qui n'avoit point de querelle personelle à vanger & qui ne pouvoit être animé que par l'or & les promesses de l'Espagne, où peut-être par un fanatisme qui fut malheureusement à la mode dans ce tems-là

Guillaume premier comptoit des Heros parmi ses Ancêtres, & il les surpassa tous. Sans azile, il eut la hardiesse de s'exposer au ressentiment d'un Prince violent & soupçonneux, qu'on caracterisoit par le nom odieux de *Démon du Midi*. Sans forces, il eut le courage d'attaquer la Puissance la plus formidable qui fut alors en Europe. Sans expérience, il eut l'habileté de triompher des plus grands Généraux qu'ait peut-être produit l'Espagne. Sans Conseil, il eut l'adresse d'amuser quelquefois la nation la plus politique, & de ne s'en laisser jamais surprendre. Sans tréfors, il eut le secret de mieux payer ses soldats que les Maîtres du nouveau monde, & d'attirer par-là souvent dans son camp leurs propres troupes. Sans autorité, il eut le bonheur de régner presque despotiquement sur des cœurs altiers qui prodiguoient leur tranquillité, leur fortune, leur sang pour éteindre la tirannie. Après tout, le chef-d'œuvre du Prince Guillaume, est d'avoir fçû perfuader aux peuples qu'il n'étoit occupé que de leur liberté, tandis qu'il ne travailloit qu'à devenir leur maître. Toutes fes démarches, quand on les fuit avec attention, décelent vifiblement fes projets, fes vûes, fa politique. C'eft lui qui prépara de loin la révolution, en introduifant ou favorifant de nouvelles opinions qu'il favoit être défagréables à la Cour de Madrid ; c'eft lui qui fous de frivoles prétextes fouffla le feu des guerres civiles, il fut le flambeau qui alluma de tous côtés la discorde; c'est lui qui divisa irréconciliablement les esprits & les cœurs, en formant & en exécutant le plan d'une guerre barbare ; c'est lui qui successivement Luthérien, Catholique, Calviniste, & par-là même sans religion, proscrivit le culte Romain comme l'unique lien par lequel on pouvoit tenir encore à l'Espagne; c'est lui qui par ses hauteurs, ses trahisons, ses conseils, renvoya l'Archiduc Mathias & le Duc d'Alençon, dont l'autorité lui faifoit ombrage. C'eft lui qui rompit trois fois les négociations fi avancées, qui alloient terminer toutes les querelles. Tous ces pas vers la tirannie lui avoient réuffi, & il touchoit peut-être au terme de fes défirs, quand un fer meurtrier termina fes jours, fon ambition & fes efpérances.

Maurice Prince d'Orange deuxiéme Stadhouder, Capitaine & Amiral Général.
1583.

A La mort de Guillaume, les affaires fe trouverent dans une confufion horrible où il les avoit jettées à deffein. Il s'étoit toujours flatté de les tirer de ce cahos, quand il trouveroit quelqu'intérêt à le faire. Le Duc de Parme profita de la consternation des Hollandois en grand Capitaine. Bruges, Gand, Dendermonde, Deventer, Nimégue, Grave, Anvers, plusieurs autres places devinrent en peu de jours sa conquête. Le train de conquerir étoit pris, & la République paroissoit à la veille de sa ruine. Dans cet embarras, les Etats ne virent de jour à éviter le joug Espagnol qu'en se soumettant à quelqu'autre Puissance. On balança quelque tems entre les Anglois & les François : mais enfin la France dans le tems de sa plus grande humiliation, parut préférable à l'Angleterre, qui étoit au comble de sa gloire. Henry III. ne sçavoit ni régner tranquillement sur ses peuples, ni semer la division chez ses ennemis; ni préparer des évenemens, ni profiter de ceux qui se présentoient. Il étoit surchargé de sa Couronne, il refusa de l'agrandir d'une partie des Pays-Bas. Les Hollandois ayant perdu tout espoir de ce côté-là, tournerent leurs vûes vers l'Angleterre.

Elizabeth dont la conduite a toujours été admirée

rée de ceux-là même qui avoient le plus d'intérêt à la décrier, régnoit alors dans cet Isle. Cette Princesse nommée le Roi Elisabeth pour son courage, comme le Roi Jacques son Successeur, fut appellé la Reine Jacques pour sa foiblesse, crut avec raison qu'il étoit de l'interêt de son Etat de se renfermer dans les bornes que la mer lui avoit tracées: elle refusa par sagesse la possession des Provinces unies, & par générosité leur accorda des puissans secours que l'indolence & les hauteurs de Leicester leur conduc-

C

teur, rendirentt inutiles & même funestes à la République.

Maurice fils de Guillaume fut mis à la tête des affaires dans ces circonstances critiques. On oublia d'abord par tendresse, & il fit bien-tôt oublier par ses services qu'il n'avoit que 17 ans. La fortune qui avoit si souvent couronné le Duc de Parme, se rangea sous les Drapeaux du nouveau Stadhouder. Sa vie fut une chaîne rarement interrompue de combats, de siéges, de victoires. Henri le grand disoit ordinairement *qu'après lui, il n'y avoit point de plus grand Capitaine au monde que le Prince Maurice*. Médiocre dans tout le reste, il posseda la guerre en grand maître, & la fit toûjours en Héros. Son camp devint l'école universelle de l'Europe; ses éleves ont soutenu, & peut-être augmenté sa réputation. Comme Montecuculli, il possedoit l'art si peu connu des marches & des campemens. Comme Vauban, le talent de fortifier les places & de les rendre imprenables. Comme Eugéne, l'adresse de faire subsister de nombreuses

Armées dans les Pays les plus stériles où les plus ruinés. Comme Vendôme, le bonheur de tirer dans l'occasion du Soldat plus qu'on a droit d'en attendre. Comme Condé ce coup d'œil infaillible qui décide du succès des batailles. Comme Charles XII. le moyen de rendre les troupes presque insensibles à la faim, au froid, à la fatigue. Comme Turenne, le secret qui paroit s'être perdu de ménager la vie des hommes. Au jugement du Chevalier Folard, Maurice fut le plus grand Officier d'Infanterie qui ait paru depuis les Romains.

L'ambition n'étoit pas moins héréditaire que le mérite dans le Sang d'Orange. Comme Guillaume, Maurice voulut vaincre plus pour lui que pour la Patrie. Le Trône lui parut brillant, & il réfolut d'y monter. Il fe détermina à s'en ouvrir au grand Penfionaire le feul qui pût, ou faire échouer, ou faire réuffir l'entreprife. Barneveld avoit l'autorité que devroit donner par-tout un air noble, le talent de la parole, une probité incorruptible, une capacité extraordinaire, des fervices fignalés, une experience consommée. Il étoit ennemi de l'injustice, de la brigue, des partis, des nouveautés même utiles: C'étoit un Romain. On lui connoissoit la vertu des Fabricius, des Catons; il en montra la fermeté. Maurice honteux d'avoir paru inutilement ambitieux & traître aux yeux d'un citoyen desinteressé ne s'occupa que du soin de le perdre: la démarche étoit critique, mais elle étoit devenue indispensable. Il rechercha les envieux du mérite ou de l'autorité de ce grand homme, & l'occasion de mettre en mouvement sa cabale ne tarda pas à se présenter.

Deux Théologiens de l'Université de Leyde divisoient alors la Hollande par la hardiesse où la nouveauté de leurs sentimens. Gomar anéantissoit les droits de la liberté ; Arminius affoiblissoit les droits de la grace. Le premier faisoit Dieu Auteur du péché ; le second donnoit à l'homme tout le mérite des bonnes œuvres. L'un soûtenoit ce qu'il croyoit être le pur sentiment de Calvin ; l'autre deffendoit ce qu'il pensoit être conforme à la raison. Tous deux, ils étoient vifs enthousiastes, factieux : ils vouloient se donner tous deux le relief d'être chefs de parti, & ils réussirent. Leurs opinions ensevelies d'abord dans la poussiere de l'école, partagèrent bien-tôt les Eglises, les Colleges, les Consistoires. La contagion devint générale; & le public peu, ou point du tout instruit de ces matieres, suivit aveuglément le parti du Ministre qu'il connoissoit, ou qu'il aimoit le plus. Les Etats Généraux qui connoissoient le génie des Théologiens, craignirent les suites de ce fanatisme. Une conférence publique leur parut propre à rapprocher les esprits ; elle les aigrit davantage. Les noms odieux de Gomaristes & d'Arminiens y prirent naissance, & devinrent le signal d'une haine générale & implacable. Qu'on juge de la violence de cette passion, la Religion en étoit la source.

Il est des occasions où les hommes les plus modérés sont forcés à embrasser un parti, pour n'être pas en butte aux deux cabales. Réduit à cette triste nécessité, Barneveld, soit conviction, soit tempéramment, soit raison, se déclara pour les Arminiens qui étoient tolérans. Maurice à qui tous les cultes étoient indifférens, mais qui ne vouloit pas être de celui du grand Pensionnaire, se tourna vers les Gomaristes, plus turbulens, parce qu'ils étoient plus dogmatiques. Le vrai zéle n'inspire pas plus d'activité que l'ambition en communiqua au Stadhouder. Caresses, places, promesses, pensions, tout fut prodigué aux Professeurs, aux Ministres, aux Magistrats qui se déclaroient pour lui ; ce furent là les argumens qui affoiblirent la faction opposée. Quand Maurice vit sa partie assez bien liée, il fit demander une condamnation solemnelle des Arminiens par le Roy d'Angleterre qui la souhaitoit, & qu'on n'étoit pas en situation de désobliger impunément. Ce Monarque, que Henry IV. appelloit par dérision *Maître Jacques*, aimoit mieux éclairer l'univers que de le vaincre, & voulut faire le Théologien où il ne s'agissoit que de politique. Il eut le plaisir singulier d'avoir procuré le Synode de d'Ordrecht, où les Gomaristes, comme les plus forts, accablerent d'anathêmes leurs adverſaires. Ces foudres ne firent pas grand mal par eux-mêmes aux coupables, mais ils fournirent l'occaſion de les accabler. Sous prétexte de faire exécuter les decrets de l'aſſemblée, le Stadhouder parcourut l'épée à la main les ſept Provinces-Unies, & y deſtitua, empriſonna, exila tout ce qu'il avoit intérêt à croire & à trouver Arminien. Barneveld fut la derniere victime qu'il immola: Il fit condamner à mort

mort le pere de la Patrie, *comme deſtructeur de la Religion.*

Il n'eſt rien de plus commun dans l'hiſtoire que des ambitieux qui ont fait ſervir la Religion à leur agrandiſſement, & qui ſont montés par l'Autel au Trône. Cependant Maurice ne retira pas de ſon zéle le fruit qu'il en attendoit. La mémoire du grand Penſionnaire reprit bientôt le deſſus. Chacun avoit honte d'avoir concouru à abreger des jours précieux qui ne couloient que pour le bien public. L'Auteur d'un ſi noir complot fut univerſellement deteſté, & on ne vit plus dans le bouclier de la République que l'aſſaſſin du vertueux Barneveld. Trois raiſons ſe joignirent à l'indignation publique pour écarter le Prince de la Souveraineté. 1°. Les Gomariſtes ſur leſquels il avoit compté, montrerent peu de reconnoiſſance. Ils ſçavoient, qu'en les protégeant, Maurice n'avoit penſé qu'à ſes intérêts ; il avoit ſervi à leur élévation, ils avoient ſervi à ſa vengeance ; ils jugeoient à propos de s'en tenir là. 2°. La France qui avoit toujours eu de la tendresse pour la République, qu'elle regardoit comme son ouvrage, voulut finir les divisions qui la déchiroient. Elle avoit parlé en faveur de Barneveld, dont l'intégrité, la capacité, le zéle, lui étoient connus. Maurice rejetta avec hauteur la médiation de cette Couronne; & Louis le Juste qui comprit le motif d'un procédé si odieux, ne lui laissa pas ignorer que s'il attentoit à la liberté publique, elle trouveroit en lui un appui. 3°. Le Stadouder esperoit beaucoup, & presque tout de l'Electeur Palatin son neveu, que la rebellion venoit d'appeller au Trône de Bohême. *Ce Roy de neige*, ainsi appellé, parce que sa Royauté ne dura qu'un hyver, se vit chasser de ses Etats héréditaires, & réduit à mandier un azile auprès de ce même Maurice, qu'il devoit un jour couronner. Les autres Princes, Protestans d'Allemagne, frappés du même coup qui avoit abbatu Frédéric, n'eurent garde, quelques promesses qu'ils eussent faites, de se dépouiller en faveur de l'ambitieux Stadhouder, de leurs forces qui suffisoient à peine à leur propre conservation.

Tant d'obstacles porterent le désespoir dans le cœur de Maurice : Il ne compta plus que des jours tristes, chagrins, languissans. Il s'étoit familiarisé avec l'idée d'une Couronne, & il ne sçût pas gagner sur lui de sçavoir s'en passer. La mort seule, qui ne tarda pas à venir, mit fin à ses inquiétudes.

Frederic Henri 3me Stadhouder, Capitaine & Amiral Général. 1625.

LE Prince Maurice ne s'étoit jamais marié ; ainsi il laissa Frédéric Henry son frere heritier de ses biens & de ses titres. Les peuples qui n'étoient pas encore bien remis des allarmes qu'ils venoient d'éprouver, étudierent avec attention le caractere du nouveau Stadhouder, pour sçavoir ce qu'en devoit espérer ou craindre la République. Ce Prince n'étoit pas dissimulé; on s'apperçut aisément qu'il étoit né sans beaucoup de penchant au vice, sans beaucoup d'inclination à la vertu. Arminiens, Gomaristes, Catholiques, Calvinistes, tout lui étoit égal, parce qu'il étoit plus honnête homme que dévôt. Il avoit l'esprit plus droit que vif, le sentiment plus tendre que haut, l'humeur plus tranquille que remuante, le cœur plus modéré qu'ambitieux. Maurice avoit fait l'inimaginable pour donner l'essort à cette ame; il n'y avoit réussi qu'imparfaitement. les vices & les vertus ne font que peu de progrès où il est nécessaire qu'on les inspire. Ce n'est pas que Fréderic Henry n'eût adopté les idées de son frere, mais relativement à son naturel. Il souhaitoit de monter sur le Trône; mais il vouloit y être placé par les occasions. Il ne perdoit pas de vûe les projets de sa maison, mais il n'étoit pas d'humeur à leur sacrifier sa tranquillité. Il étoit trop prudent ou trop paresseux pour sacrifier à une Souveraineté incertaine, une vie agréable, & une fortune toute faite dont il jouissoit. Il n'avoit qu'une passion, & peut-être qu'un talent, c'étoit celui de la guerre. Les exemples de valeur qu'il avoit reçû de ses ancêtres, il les transmit à ses descendans. Rival assez long-tems de Maurice, il fut enfin son successeur, & fit douter aux ennemis de la

République s'ils n'avoient pas perdu à la mort de ce grand Capitaine.

Tandis que le Stadhouder augmentoit par ses victoires la gloire du peuple qu'il défendoit, les Etats Généraux rassurés par le caractere de ce Prince, travailloient avec confiance à donner à leur florissant commerce une consistance dont les divisions intestines l'avoient privé jusqu'alors. Leurs premiers soins tomberent sur leur Compagnie des Indes Orientales. La prudence, le courage, la constance des Portugais les avoient rendus maîtres de l'Inde. Devenus malheureusement sujets de l'Espagne, ils y furent ataqués par les Hollandois. Les Portugais croyoient ne combattre que pour leurs tirans; les Hollandois combattoient pour eux-mêmes : on juge aisément pour qui la victoire se déclara. En possession depuis ce tems là des meilleurs établissemens de l'Asie, & de tout le commerce du Japon, la Compagnie, par les sages mesures qu'on prit alors, acquit ou s'assura dans l'Orient un dégré de puissance & de gloire qu'il n'est aisé ni de s'imaginer, ni de croire. Les Hollandois font un commerce d'autant plus commode & plus avantageux en Asie, que les Epiceries qu'ils y possedent, leur tiennent lieu pour leurs achats des trésors de l'Amérique, que les François & les Anglois sont obligés d'y porter. . . . après avoir fermé les plaies qu'avoit reçûes la Compagnie des Indes orientales, les Etats donnerent leur attention à la Compagnie des Indes occidentales. Elle avoit commencé par enlever aux Portugais le commerce de l'Afrique; ses succès lui inspirerent l'ambition, & lui donnerent la force de les chasser du Brezil. Elle égaloit presque la Compagnie orientale. Ses dépenses & ses répartitions qui furent excessives, l'affoiblirent insensiblement. On la sauva en la forçant de renoncer à ses conquêtes d'Amérique qu'elle ne pouvoit plus défendre, & de se borner à son commerce de Guinée qui a toujours été florissant. , . . Une autre point essentiel demandoit encore une sérieuse attention. La pêche du Harang a passé très-longtems pour

la

la *Mine d'or* de la République; elle occupoit cent cinquante mille hommes, & jusqu'à trois mille bâtimens. Jean de Wit attribue à cette pêche toutes les ressources que les Hollandois ont trouvées pour secouer le joug Espagnol, pour conquérir les Indes, pour acquérir de la considération en Europe. Les Anglois virent avec chagrin que ces immenses profits se faisoient sur leurs côtes: ils prétendirent avoir droit de s'y opposer, comme maîtres des mers qui baignoient leur Isle. Les Hollandois se jouerent de ces prétentions; & après bien du sang répandu, ils ont continué à s'enrichir de leur pêche. . . . Rien n'échapa à la vigilance des Etats : Le commerce du Levant, celui de la Mer Baltique, celui de France; tout fut examiné, pesé, discuté avec une patience, une intelligence, un bonheur dont les succès sont la preuve.

Les Hollandois occupés de ces soins paisibles vivoient dans la paix & dans l'abondance, quand ils s'apperçurent que l'esprit de leur Stadhouder baissoit.

fort. Ce n'étoit plus ce Frederic Henri qui ne respiroit que combats ; c'étoit un homme foible, tremblant à la vuë du moindre péril, esclave des volontés de sa femme, jaloux de son propre fils, réfroidi pour la France jusqu'à témoigner de l'aversion pour le nom François, passionné pour les Espagnols ses irreconciliables ennemis, pleurant au seul souvenir de la mort dont il avoit si souvent bravé les horreurs ; son dernier acte d'autorité fut de consentir, contre la foi des traités les plus solemnels, à se détacher

E ij

de la France à Munster pour faire une paix séparée avec l'Espagne. Ce qui fit passer alors comme en proverbe que les Stadhouders durant la vie ou à la mort, tôt ou tard étoient funestes à la Republique.

Guillaume II. 4me Stadhouder, Capitaine & Amiral Général. 1647.

A peine Frederic Henri étoit expiré que son fils Guillaume II. fut revêtu des Charges de Stadhouder, de Capitaine & d'Amiral général dont on lui avoit donné la survivance 16 ans auparavant. Ce Prince né trop ambitieux pour se contenter de la qualité de sujet, crut la circonstance favorable pour executer le projet d'élévation que ses ancêtres avoient préparé. Tout concouroit à le placer sur le Trône, & rien, ce semble, ne le traversoit. Toutes les Puissances de l'Europe étoient, ou indifferentes sur le sort de la Hollande, où interressées à sa destruction. Le Nord étoit agité par les fureurs d'une guerre sanglante qui avoit successivement épuisé la Suede, la Prusse, la Pologne, le Danemarc: ces Etats étoient trop occupés de leurs malheurs pour penser à ceux d'une Republique presque naissante. L'Empereur dépouillé par le traité de Westphalie du pouvoir arbitraire qu'avoit usurpé la Maison d'Autriche en Allemagne, forgeoit de nouveaux fers à l'Empire dans le loisir d'une paix forcée. L'Espagne humiliée de se voir réduite à reconnoître l'indépendance des Provinces-Unies, auroit plûtôt cherché à y attiser le feu des guerres civiles qu'à l'y éteindre. L'Angleterre devenue l'esclave d'un usurpateur épousoit sa haine contre la Hollande qui avoit osé s'interesser au sort de l'infortuné Charles premier. La France devoit être mécontente de ces ingrats Republicains qui venoient de preferer publiquement leurs anciens tirans, à l'alliance d'une Couronne à laquelle ils étoient redevables de leur salut.

Guillaume étoit trop clairvoyant pour ne pas appercevoir ce concours de circonstances heureuses, & trop habile pour n'en pas profiter. Il ne lui falloit qu'un prétexte pour éclater, & il ne tarda pas à se préfenter. La paix avec l'Espagne étoit à peine signée, que la réforme des Troupes fut proposée aux Etats comme nécessaire aux Finances, à la tranquilité, au commerce, & la plûpart des assistans dont l'œconomie, l'avidité & la défiance faisoient toute la politique, la reçurent avec applaudissement. Corneille Bicker, le Magistrat de cette Assemblée qui avoit le plus de réputation & d'autorité, appuya la proposition avec tant de chaleur, & par des raisons si fortes, que la réforme fut résolue, & à l'instant il s'en fit un Edit solemnel.

Le Stadhouder cacha la joye que lui causoit cette

résolution sous les dehors d'un mécontentement éclatant & outré. Il traversa vivement un projet utile à ses vûes, que par son ordre ses secrets confidents appuyoient de tout leur crédit. Il voyoit les troupes, sur tout les étrangeres embarrassées de leur destinée; & en s'opposant à la réforme, il les intéressoit nécessairement à sa fortune, & à la ruine des Députés. Assuré de ne pas réussir, le Prince ne craignit pas d'employer les meilleurs & les plus sûrs moyens pour le faire. Il représenta avec cette éloquence mâle & rapide qui lui étoit si naturelle, le danger qu'il y auroit à exposer ainsi sans défense la République à la haine secrette des Espagnols, & au ressentiment public des François. On répondit qu'on n'avoit rien à craindre de l'Espagne, épuisée par des guerres étrangeres; ni de la France, déchirée par des guerres civiles sous un Roy mineur. Guillaume se tourna d'un autre côté: il engagea la Princesse son épouse, qui par fierté n'étoit jamais allée chez personne, à faire quelques visites aux Bourgeoises qui avoient la réputation de gouverner leurs maris. Cet expédient réussit d'abord au point d'allarmer le Prince; mais l'inébranlable Bicker se montra si ferme & parla si haut, répéta tant de fois les mots imposans de Sparte & de Rome, de Citoyen & de Patriote, de bien public & d'avantage particulier, que les bons Hollandois se reprochant leur foiblesse, sacrifierent leur tendresse & la vanité de leurs femmes au désir de s'immortaliser ou de s'enrichir. Le Stadhouder voyant s'approcher insensiblement le dénouement de la Comédie qu'il jouoit, prit le parti d'aller demander à chaque Ville en particulier, ce qu'il n'avoit pû obtenir des Etats assemblés. Il fut reçû froidement par-tout; plusieurs Provinces ne voulurent point lui accorder d'audience; Amsterdam même refusa de lui ouvrir ses portes.

Les troupes séduites par le zéle que Guillaume affectoit pour leurs interêts, & attendries par les humiliations qu'il avoit essuyées en plaidant leur cause, lui firent entendre qu'il qu'il pouvoit difpofer d'elles, & employer leur valeur où il lui plairoit. Le Prince attendoit ces offres avec impatience, & fur le champ il en profita. Par fon ordre, les corps difperfés dans plufieurs poftes, fe réunirent pendant la nuit aux environs de la Capitale, par où la vengeance & la politique vouloient qu'il commençât fon expédition. Amfterdam étoit fubjugué fans reffource, & peut-être pillé fans ménagement, fi le courier de Hambourg qui traverfa le camp fans être apperçû, n'avoit porté dans la Ville les premieres nouvelles du péril qu'on couroit. A l'inftant les portes font fermées, les Bourgeois mis fous les armes, le canon conduit fur le rempart, les matelots difperfés fur le port, les éclufes lâchées, le pays innondé; & le Stadhouder qui étoit incapable de rien exécuter d'extraordinaire, puifqu'il n'eût, ni la conftance de fe voir tranquillement traverfer, ni l'habileté de changer de vûe, fe vit expofé à un mépris général qui le conduifit dans peu au tombeau.

a. Les Théologiens Hollandois trouverent dans la mort précipitée de ce Prince ambitieux, des marques évidentes de la colere céleste. Les Ministres le dépeignirent à leurs Auditeurs sous l'image d'un Lucifer que son orgueil avoit précipité. Les Poëtes comparerent dans leurs satyres son triste sort avec celui du téméraire Icare. Les Magistrats même, firent battre une Médaille pour joindre l'idée de l'entreprise sur Amsterdam avec celle de sa mort: d'un côté l'on représenta un Soleil sortant de la mer, & sur le rivage un cheval sougueux, qui s'élançoit vers la Ville avec ces paroles de Virgile *Crimine ab uno disce omnes* : de l'autre, étoit un Phaéton foudroyé pour son audace, avec ce demi vers d'Ovide : *Magnis excidit ausis*.

<small>Guillaume III. 5me Stadhouder, Capitaine & Amiral Général.
1672.</small>

LES premiers éclats de l'indignation publique duroient encore, quand Guillaume III. fils posthume de Guillaume II. vint au monde. La populace Hollandoise qui ne sçait, ni supporter la tirannie, ni conserver la liberté; ni se passer de maître, ni lui obéir, changea tout à coup de passion & de langage. Elle montra autant d'inclination pour le fils, qu'elle avoit témoigné d'aversion pour le pere; & les titres fastueux qu'elle avoit detestés dans l'un, elle souhaita de les voir revivre dans l'autre. Heureusement pour la République, elle avoit alors à sa tête des Magistrats, qui, sans mépriser, ne recherchoient pas la faveur populaire. Ils alloient au bien par un goût décidé pour la gloire, ou pour l'ordre. Ils préféroient l'honneur de servir leur patrie à l'avantage de se faire des partisans; & sur le plan d'une administration si sage & si généreuse, les Etats se réserverent les charges de Stadhouder, de Capitaine, & d'Amiral général. Les Partisans de la Maison d'Orange travailloient avec succès à reprendre le dessus, & à fortifier leur parti, lorsqu'un nouvel incident anéantit ou éloigna leurs espérances.

Cromvel, nom consacré à l'admiration & à l'horreur de tous les siecles, poursuivoit par-tout avec fureur les infortunés rejettons du Trône qu'il venoit d'abattre. La Hollande leur avoit donné un azile, accordé de la compassion; & la Hollande dès cet instant étoit devenue son ennemi irréconciliable. On arma des deux côtés, & il n'y eût peut-être jamais de guerre qui ait été conduite avec plus d'art, de suite, d'intelligence du fond du cabinet, que le fut celle-là par les chefs des deux Républiques. Tout sembloit égal en eux, leur naissance qui étoit médiocre, leurs connoissances qui étoient étendues, leur santé qui étoit inaltérable, leur travail qui étoit continuel, leurs services qui étoient innombrables, leur réputation qui étoit universelle, leur autorité qui étoit immense. Cependant ils se ressembloient peu. Cromvel étoit arrivé aux honneurs par le sang, la trahison, le parjure; Jean de Wit y étoit parvenu par des talens, des services, de l'expérience. Le Protecteur étoit audacieux, remuant, né, ce semble, pour changer le monde; le grand Pensionnaire ennemi de l'oppression, de la discorde, de la violence. Le premier rapportoit à l'accroissement de sa fortune, ses liaisons, sa patrie, sa religion ; le second, sans négliger ses intérêts, honoroit ses amis, son pays, son Dieu. L'un avoit une fierté, une arrogance qui faisoit tout ployer, & qui résistoit à tout ; l'autre, une dignité, une autorité naturelle qui pouvoit tout, & à laquelle rien ne résistoit. L'Anglois étoit également habile à pénétrer les desseins des autres, & à cacher les siens ; d'autant plus impénétrable, qu'il affectoit en public la candeur & la liberté ; le Hollandois aussi adroit, sans être fourbe, cachoit sous un air aisé & naturel les vûes les plus étendues. Il ne manqua à la fortune du Protecteur qu'un fils capable de lui succeder ; & à celle du grand Pensionnaire qu'une mort digne de lui. De ces deux Rivaux, le mieux secondé devoit l'emporter, & Cromvel eût cet avantage. Il força les Hollandois à abandonner entierement les intérêts des Princes Stuarts, & à proscrire leur neveu le Prince Guillaume. Le traité portoit: *Que les Etats Généraux des Provinces-Unies ne pren-*

droient jamais le Prince d'Orange, ni aucun de ses descendans pour Stadhouder ou Gouverneur de la Republique, ni pour Chef ou Premier Président au Conseil d'Etat, ni pour Capitaine général des Armées de Terre, ni pour Gouverneur particulier d'aucune Province, Fort ou autres Places que ce fut; ni pour Amiral général, Vice-Amiral, Contre-Amiral, où Capitaine de Vaisseau; & qu'ils s'opposeroient toûjours efficacement aux entreprises que feroient ce Prince, où ses Partisans, pour lui procurer quelque Emploi dans tous les lieux de leur obéissance.

Le rétablissement de Charles II. sur le Trône d'Angleterre, rechauffa les amis du Prince d'Orange dans les Provinces-Unies. La guerre qui recommença entre les deux nations, parut déranger leurs projets, & les fortifia. Il fut tramé, jusques dans le sein de la Hollande, un complot odieux pour favoriser les armes Angloises. Les conjurés étoient convaincus que des revers ménagés avec art décrieroient le gouvernement établi, & qu'il se fairoit des changemens favorables à leur idole. Le

Le grand Penſionnaire a-voit l'œil à tout ; il ſoupçonna cette trahiſon, la découvrit, la publia, la punit, & inſpira ſagement ſes allarmes aux membres accrédités de la Républi-que. Les Etats effrayés du péril qu'ils avoient couru, publierent le fameux *Edit perpétuel & irrévocable*, qui portoit que *la charge de Stadhouder ou Gouverneur d'une ou de pluſieurs Pro-vinces, ne ſeroit jamais conferée à qui que ce fut*. La Déclaration fut ſignée par tous les Citoyens qui a-voient des charges, & le Prince lui-même fut obligé d'en jurer l'obſervation.

Telle étoit la ſituation des Provinces-Unies, lorſque Louis XIV. vint la changer. Ce Monarque, dont le nom imprime d'abord dans l'eſprit une idée qu'on ne remplit jamais dans les caracteres qu'on en trace, avoit porté la guerre dans les Pays-bas pour faire valoir les droits de Marie-Thereſe. L'Eſpagne ſi redoutable autrefois à l'Europe par ſa politique & par ſa puiſſance, n'étoit pas même, au tems dont je parle, l'ombre de ce qu'elle avoit été. Après avoir long tems donné de la jalousie aux autres Couronnes, elle étoit parvenue à leur inspirer de la compassion. Gouvernée, par une Régente foible, & par un Confesseur* dont la meilleure de toutes les Ecoles n'avoit pû faire un homme d'Etat, cette Monarchie se voyoit dans un état de langueur qui annonçoit sa ruine. Ses Ministres qui avoient été jusqu'alors comme l'ame des affaires générales, n'étoient plus occupés que de petites intrigues de Cour, & des privileges de leurs charges. Ses Ambassadeurs

*Le Pere Nitard, Jesuite.

accoutumés à gouverner les Conseils de tous les Princes chez lesquels on les envoyoit, se voyoient réduits à briguer bassement l'appui des moindres Ministres ; & les Conquérans, les possesseurs de l'Amérique, n'avoient pas de quoi lever des armées, encore moins de quoi les payer. Les François accoutumés à surmonter les plus grands obstacles, triompherent sans effort de l'ennemi que je viens de peindre. Leurs conquêtes furent nombreuses, rapides dans un pays mal fortifié, plus mal défendu.

Les Hollandois allarmés pour leurs frontieres, conclurent avec l'Angleterre & la Suede une triple alliance nécessaire à l'Espagne, dont elle sauva les Provinces, funeste à la France, dont elle dérangea les projets. Ils firent plus, ils insulterent leurs anciens Protecteurs par les Médailles que firent frapper leurs Magistrats, par les satyres que publierent leurs Ecrivains, par les discours que tenoient leurs Ambassadeurs. Louis le Grand, aimé de ses Sujets, redouté de ses ennemis, respecté de ses alliés, admiré de tout le monde, ne pût voir sans indignation, l'orgueil des Provinces-Unies. Il ne suspendit sa vengeance quelque tems que pour la rendre plus terrible. Elle éclata enfin par des événemens prodigieux dont le souvenir durera autant que l'histoire.

Jean de Wit avoit vû l'orage; & s'il eût été crû, on l'auroit, ou conjuré par des satisfactions convenables, ou affoibli par des précautions assorties aux circonstances. Les Partisans du Stadhouderat ne voulurent ni l'un ni l'autre. Ils s'attendoient à trouver dans le malheur de la patrie, la ruine du grand Penſionnaire, & l'élévation du Prince d'Orange. Leur eſpérance ne fut pas trompée. Les peuples ſéduits par leurs artifices, crurent la République trahie ou mal gouvernée. Un Stadhouder fut partout demandé d'une voix unanime & menaçante, & le Magiſtrat parut diſpoſé à ſacrifier ſes lumieres à des vœux inconſiderés, aveugles & tumultueux. De Wit ſeul, ou preſque ſeul, ſçut conſerver toute ſa vertu. Il avoit toujours accordé dans le tems de son crédit ce qui étoit raisonnable, & il refusa dans son malheur ce qui lui paroissoit foible ou injuste. Il fut Républicain jusqu'à la fin, quoiqu'il vit bien qu'il étoit inutile de l'être, & il harangua les Etats à peu près en ces termes :

„ Depuis dix-neuf ans
„ que vos suffrages m'ont
„ appellé à la place que
„ j'occupe, j'en ai rempli
„ les devoirs avec un soin
„ & des succès dont les
„ bons Citoyens se sou-
„ viennent, & qu'il ne me
„ convient pas de rappel-

„ ler aux ingrats. Les mal-
„ heurs que nous éprou-
„ vons aujourd'hui, je les
„ ai prédits; & si on avoit
„ voulu se prêter à mes
„ vûes, je les aurois dé-
„ tournés. Le ciel, dont
„ j'adore les decrets, a
„ permis que d'autres
„ Conseils prévalussent,
„ & je ne m'en plains pas,
„ quoiqu'on me rende res-
„ ponsable de leurs fune-
„ stes suites. Que ceux qui
„ ont travaillé avec tant
„ d'art à inspirer des pré-
„ ventions contre moi à
„ la multitude triom-
„ phent: ils sont satisfaits;
„ De Wit se retire. Ce

„ n'est ni par crainte, ni
„ par indolence que j'a-
„ bandonne le soin de l'E-
„ tat; je renonce aux affai-
„ res, parce qu'un Magis-
„ trat devenu odieux, ne
„ peut plus être utile à la
„ République. Je n'ai be-
„ soin ni de consolation,
„ ni de vengeance. Je
„ souhaite que mon suc-
„ cesseur fasse de plus gran-
„ des choses que moi, &
„ qu'il éprouve plus de
„ reconnoissance. Il me
„ reste un dernier conseil
„ à vous donner; il déci-
„ dera de votre gloire;
„ n'élevez point le Prince
„ d'Orange. Guillaume n'a

„ pas oublié le rang su-
„ blime que ses ancêtres
„ ont eu dans l'étendue
„ de ces Provinces. Héri-
„ tier de leur puissance ,
„ ne le sera t'il pas de leur
„ ambition ? De quatre
„ Stadhouders que vous
„ avez eu , deux ont tra-
„ vaillé sourdement , les
„ deux autres avec éclat à
„ introduire la tirannie.
„ Leur successeur auroit
„ un motif de plus pour
„ tout oser, pour tout en-
„ treprendre ; c'est la ven-
„ geance. Idole d'un parti
„ puissant , il le fera par-
„ ler & mouvoir à son gré.
„ Le Prince fût-il né mo-

„ deré, ce qui n'est point,
„ ses flatteurs lui inspire-
„ roient le desir du Trô-
„ ne. M'en croiriez vous,
„ si je vous disois que l'é-
„ tat où nous nous trou-
„ vons, est une suite de
„ ses intrigues. Son voya-
„ ge chez nos voisins cou-
„ vroit des desseins se-
„ crets. Lui-même pour
„ s'avancer, il a armé
„ contre vous le Roi d'An-
„ gleterre son oncle : ce
„ n'est ni de ses services,
„ ni de vos suffrages qu'il
„ attend son élévation ;
„ c'est de la violence. „
Ce discours auroit ramené
des esprits flottans; il n'o-
péra

péra rien sur des cœurs où regnoit la crainte. Guillaume III. fut proclamé Stadhouder, Capitaine & Amiral général. Le peuple témoigna d'une maniere bien singuliere la joye que lui causoit cet évenement; il massacra Jean de Wit & Corneille son frere, le plus grand homme, après lui, de la Republique.

Le Prince d'Orange devenu chef des Provinces-Unies se rendit bientôt l'ame & l'arbitre de l'Europe. Il répandit adroitement par ses émissaires que les François, plus puissans que n'avoit été Charles Quint, visoient comme lui à la Monarchie universelle, & s'y prenoient mieux pour y parvenir. Ce fantôme révolta l'orgueil des Puissances, irrita leur jalousie, fortifia leurs soupçons, réveilla leur politique, & les disposa à former une ligue qui assurât leur tranquilité. L'adroit Stadhouder fut le centre où se réunirent toutes ces haines contre la France. Avec le nom imposant d'un système d'équilibre qu'il imagina, il réunit les peuples les plus divisés, il gagna la confiance des Cours les plus soupçonneuses, il concilia les intérêts les plus opposés, il éteignit les haines les plus implacables, il s'assujetit les esprits les plus indépendans, il anima les Nations les plus languissantes, il prit un ascendant absolu sur les plus grands Monarques. Il persuada à l'Europe entiere que pour affoiblir la France, il falloit le porter sur le Trône d'Angleterre à la place de l'allié, de l'ami, de l'admirateur de Louis le Grand. Il faut tout dire, Le Roi Jacques par sa conduite avoit rendu la révolution facile. Ce Prince avoit assez légerement entrepris de changer la Religion, & les loix de ſes Royaumes; ſa précipitation ou l'incapacité de ſon Conſeil le fit échouer. Naturellement haut & violent, il regarda comme indigne d'un Souverain, les ménagemens adroits qui gagnent les peuples. Il confondit la fierté avec la grandeur, & l'opiniâtreté avec la conſtance. Il n'eut jamais la patience d'attendre les occaſions, ni le courage ſouvent louable de céder aux difficultés.

Devenu Roi de la grande Bretagne, Guillaume ne dédaigna pas la place de Stadhouder. En uſurpant l'un, il conserva l'autre; & il alloit se consoler souvent à la Haye des chagrins qu'on lui donnoit à Londres. Le cœur des Anglois ne s'ouvrit jamais pour lui, & son humeur sombre & mélancholique en fut cause. La nécessité où il fut de s'observer & d'observer ceux qui l'approchoient dans sa jeunesse, fit tourner chez lui en habitude la dissimulation & la réserve, & contribua sans doute à lui donner ce discernement aussi juste que fin qu'il avoit des hommes. Né fier & craignant d'être ou de paroître gouverné, il affectoit de faire sentir à ses Favoris & à ses Ministres qu'ils ne devoient pas trop compter sur leurs lumieres, ni sur son affection pour eux ; & c'étoit lui déplaire également que de lui donner des conseils ou de le contredire. Il fit voir à la tête des Armées plus de courage que de conduite, & son incapacité l'engagea dans de mauvais pas, d'où sa valeur ne put pas toujours le tirer. C'est ce qui attira la réponse d'un Prince devant qui on le vantoit comme un Général parfait : *effectivement*, dit-il, *jamais je n'ai connu de Capitaine si jeune qui ait perdu tant de batailles & levé tant de siéges.* De tous les Stadhouders, Guillaume fut celui qui eut le plus d'ambition, & qui respecta davantage la liberté ; il vouloit pourtant regner, mais il trouva plus de facilité à détrôner le Roi son Beau-pere qu'à asservir les Provinces-Unies : l'imprudence de Jacques II. fut le salut de la Republique.

LES Hollandois aveuglés sur leurs plus précieux interêts par l'adresse de Guillaume III. ne s'apperçurent pas même, après

Guillaume Charles Frison, Prince de Nassau-Orange, 6e Stadhouder Capitaine & Amiral général. 1747.

la mort, qu'ils étoient trompés. Le rolle brillant qu'ils avoient joué avant la paix de Risvick avoit formé le prestige ; le rolle heureux qu'ils jouoient dans la grande guerre d'Espagne entretenoit l'illusion. Le traité d'Utrecht qu'ils s'efforcerent si fort d'empêcher, & qui leur attira le mot si connu du Cardinal de Polignac : *Messieurs, nous traiterons chez vous, nous traiterons sans vous, & nous traiterons de vous* ; ce traité célebre dissipa le charme. Ils virent alors ce qu'ils n'avoient presque pas soupçonné :

des finances si dérangées, qu'on se trouva endetté de plus de six cens millions; une dépopulation si excessive, qu'on manquoit de bras pour les travaux les plus essentiels; une marine si affoiblie, qu'il a été impossible de la rétablir; un crédit si diminué, qu'il est à peine compté aujourd'hui pour quelque chose chez les gens instruits. La République eut un coup d'œil encore peut-être plus affligeant; elle s'apperçût que ses trésors, ses soldats, ses flottes, tout avoit été prodigué pour le peuple, dont elle craignoit le plus l'élévation, & pour celui dont elle souhaitoit davantage l'abaissement ; je veux dire, l'Angleterre & la France. En effet, par le contrat de l'Assiento, l'acquisition de Gibraltar & de Port-Mahon, le commerce Anglois a pris sur celui des Provinces-Unies un ascendant qu'on n'oseroit presque marquer dans la crainte de n'être pas crû. Les François d'un autre côté, ont acquis en quelque sorte les forces qu'on n'a pas enlevées à Philippes V: car l'Espagne qui se seroit, sans doute, conduite selon ses anciens intérêts, si on ne l'eût pas affoiblie, s'est vûe forcée de se lier à la France, & il y a apparence que c'est pour toujours. Il est vrai que les Hollandois obtinrent ce qu'ils jugerent indispensable pour assurer leur tranquillité; mais il n'est pas encore bien décidé chez les Politiques que la barriere soit un avantage. Les Pays-Bas défendus par les Autrichiens, n'épuiseroient pas la Hollande, & seroient peut-être un meilleur rempart pour elle. Quoiqu'il en soit de cette réflexion; la République sentit son épuisement : le dernier Stadhouder l'avoit causé ; le Stadhouderat fut proscrit, & détesté avec éclat dans l'occasion que je vais dire.

Dans le tems que les Hollandois devinrent un peuple libre, la Maison de Nassau formoit deux branches dans l'étendue de leurs Provinces. Lorsque l'aînée, qui étoit celle d'Orange, finit par la mort de l'usurpateur du Trône de la grande Bretagne, la cadette, qui étoit celle de Nassau, hérita d'une partie de ses biens & de son crédit. Le Stadhouderat

Stadhouderat de Frise qu'elle avoit toujours eu, & celui de Groningue, qu'elle avoit possedé par intervalle, ne lui avoient valu jusqu'alors qu'une considération assez médiocre. Elle réunit enfin les Partisans des deux branches, & en forma un tout redoutable à la liberté. Cependant pour ne pas donner de l'ombrage à la République qui étoit en garde, on affecta assez long-tems & assez bien, une modération qui n'étoit rien moins que sincere. Lorsqu'en 1722. la défiance parut suffisamment endormie, ou tout à fait dissipée, ou agit auprès de la Province de Gueldre, pour là porter à élire Guillaume - Charles Frison, Prince de Nassau-Orange pour son Stadhouder particulier. La nouvelle de cette demande & de l'accueil qui lui avoit été fait, causa un soulevement général. Toutes les Provinces réunirent leur voix pour adresser aux Etats de Gueldre le discours qui suit.

,, Nous ne pouvons dis-
,, simuler, à vos NOBLES
,, PUISSANCES, le chagrin
,, que nous a causé la ré-
,, solution que vous avez

„ prise de vous faire gou-
„ verner par un Stadhou-
„ der. Quoique instruits
„ & convaincus de l'indé-
„ pendance de vos démar-
„ ches, nous nous som-
„ mes crus autorisés par les
„ liens de l'union commu-
„ ne à vous offrir quel-
„ ques réflexions. Puissent-
„ elles ne point trouver de
„ préjugé à combattre, ou
„ en triompher. L'histoire
„ des Stadhouders est l'hi-
„ stoire de nos malheurs.
„ Si les prosperités de la
„ République ont aigri ou
„ armé des voisins jaloux;
„ si des guerres sanglantes
„ ont intérompu ou ruiné

,, notre commerce; si des
,, humiliantes défaites ont
,, laissé à découvert nos
,, Frontieres; si des divi-
,, sions & des cabales ont
,, divisé nos esprits, ré-
,, froidi nos cœurs; si l'hor-
,, reur des discordes civi-
,, les a déchiré nos entrail-
,, les, n'en doutez point,
,, NOBLES PUISSANCES, c'est
,, l'ouvrage du Stadhou-
,, derat. Nous respirions à
,, peine ; à peine nous
,, commencions à ranimer
,, l'état languissant, & déja
,, vos projets nous annon-
,, cent de nouveaux, &
,, sans doute de plus grands
,, malheurs. Ebranlées jus-

,, qu'aux fondemens par
,, les entreprises de cinq
,, tirans, nos Provinces
,, résisteront-elles à d'au-
,, tres atteintes? Pensez-y
,, bien, Nobles Puissan-
,, ces, en élisant un 6me
,, Stadhouder, vous allez
,, porter le dernier coup à
,, République. Par le sou-
,, venir des vertus qui don-
,, nerent naissance aux Pro-
,, vinces-Unies ; par l'a-
,, mour que vous devez à
,, la Patrie; par notre bon-
,, heur & par le vôtre,
,, nous vous en conjurons;
,, finissez, il est encore
,, tems ; finissez nos al-
,, larmes. Que nos soldats

„ n'ayent pas inutilement
„ prodigué leur sang ; que
„ nos vieillards ne rougis-
„ sent pas d'avoir vêcu
„ quelques jours de trop ;
„ que nos enfans ne nous
„ puissent pas reprocher
„ de les avoir livrés à la
„ servitude. Laissons à nos
„ descendans l'indépen-
„ dance que nous avons
„ reçûe de nos peres. Vi-
„ vons & mourons li-
„ bres. Soyons Hollan-
„ dois. Soyons du sang
„ des Barneveld, des de
„ Wit, des Tromp, des
„ Ruiter, de tant d'autres
„ ames généreuses qui au-
„ roient préferé à un

„ honteux esclavage une
„ mort glorieuse. No-
„ BLES PUISSANCES,
„ abjurez le Stadhou-
„ derat ; tout vous y in-
„ vite. Faites ce sacri-
„ fice à vos alliés, à vos
„ amis ; faites-le à vo-
„ tre sureté & à votre
„ gloire.

Ce discours n'eût pas le succès qu'on s'en étoit promis. Les mauvais Citoyens qui avoient rendu la harangue nécessaire, furent assez adroits pour la rendre inutile. Les Etats de Gueldre se crurent outragés par des Conseils généreux qu'ils n'avoient pas demandés, qu'ils avoient même craint. Ils précipiterent leur élection; & la résistance des autres Provinces avança de quelques mois la proclamation du nouveau Stadhouder. Heureusement pour la République, ce choix ne trouva ni partisans, ni imitateurs. Borné au Stadhouderat de Frise, de Groningue & de Gueldre, le Prince d'Orange influoit assez peu dans les affaires générales, lorsque les divisions qui agitent l'Europe, attirerent les armes Françoises dans les Pays-Bas.

Louis XV. qui aimeroit

mieux être Titus qu'Alexandre, qui par choix a toujours été un bon Roy, & que la nécessité a forcé à devenir Conquérant, n'a pas plutôt paru à la tête de ses armées, qu'il y a fixé la victoire. Comme si les belles actions qu'il faisoit eussent dû s'effacer de la mémoire des hommes aussi-tôt qu'elles étoient faites, il n'a pas cessé un seul jour de vaincre : deux campagnes l'ont rendu maître des Pays-Bas, & porté sur les frontieres de la République, qui s'est trouvée également embarrassée de la modération & des conquêtes de la France. On croit communément que l'irrésolution constante des Hollandois couvroit le dessein secret de se ménager les profits du commerce, & la gloire de la médiation ; ce n'est pas connoître leurs intérêts que de penser de la sorte : les Provinces - Unies étoient occupées du malheur de leur situation ; elles attendoient du tems, des circonstances, de leurs soins un dénoûment favorable qui n'est pas arrivé. Comme on l'avoit toujours craint, on s'est vû réduit à la triste nécessité de refuser un azile aux Anglois & aux Autrichiens, ou d'encourir la juste indignation de Louis XV. Ce dernier parti, quelles qu'en soient les raisons, a été préferé & l'entrée, les succès des troupes Françoises dans la Flandre Hollandoise, ont suivi de près cette résolution.

Les partisans de la maison d'Orange avoient souhaité, peut-être préparé cet événement. Le peuple toujours mécontent du gouvernement actuel quel qu'il soit, a adopté leurs vuës, reçu leurs impressions; & la multitude accoutumée à se faire craindre si elle ne craint point, a tumultuairement demandé que le Prince d'Orange fut mis à la tête de la Republique. Les événemens de la guerre de 1672 ont, dit-on, séduit les esprits en faveur du Stadhouderat. Quand il seroit vrai, autant qu'il est faux, que le Stadhouder fut alors le salut de la Republique, les circonstances sont aujourd'hui si differentes qu'on n'en peut rien conclure en faveur de son successeur. La France a bien les mêmes avantages, qu'elle eut dans ce tems-là, pour

pour faire des conquêtes : un Roi puissant, victorieux, adoré : un Général également propre à imaginer, à préparer, à exécuter les évenemens, & auquel ses envieux, s'il lui en reste encore, sont réduits à chercher des fautes : des Armées nombreuses, disciplinées, invincibles quand elles ne sont pas battues par la faute de leurs Chefs. Mais les inconvéniens qui firent changer la face des affaires dans la premiere guerre de Hollande, ne sont pas à craindre aujourd'hui.

La France vit alors toure l'Europe s'armer pour ternir l'éclat ou arrêter le cours de ses victoires : aujourd'hui elle fait des progrès, des conquêtes rapides, malgré les efforts de l'Europe conjurée. Elle avoit alors des alliés qui traversoient ses projets, qui s'affligeoient de ses avantages : Elle en a aujourd'hui dont la fidélité, la générosité égalent la valeur & la prudence. Alors elle partagea trop ses forces pour s'assurer d'un grand nombre de places peu fortifiées ou peu importantes ; Aujourd'hui elle sçait conserver des

Provinces entières sans énerver, sans affoiblir ses armées.

Je laisse beaucoup d'autres réflexions qui n'ont pas échappé aux Magistrats Hollandois. On sçait qu'un Stadhouder n'étoit pas de leur goût, & qu'ils ont cedé, malgré eux, aux caprices de la multitude. Ce n'est pas l'esprit qui leur a manqué, c'est le cœur. Ils avoient assez de lumieres pour connoître l'intérêt public ; ils ont eu trop peu de fermeté pour le procurer. Le goût du peuple commence à régler les affaires des Provinces.

Unies, comme l'infolence des Janiffaires dicte les réfolutions du Divan. Une République de Négocians fe conduit comme un Empire purement militaire. Un vice fi énorme dans le gouvernement paroît favorifer l'opinion de l'homme du monde qui a le plus approfondi la conftitution de cet Etat, c'eft le Cardinal Bentivoglio. Ce grand Politique foutient que la République ne peut pas fubfifter long-tems. Ses raifons, par lefquelles je terminerai cet écrit, font :

,, 1°. Que la Républi-

,, que est composée de sept
,, differentes Souveraine-
,, tés inégales en puissan-
,, ce, qui peuvent être ja-
,, louses l'une de l'autre,
,, & avoir des sentimens
,, opposés, ce qui peut
,, dégénérer en anarchie.
,, 2°. Que malgré le goût
,, que les peuples paroif-
,, sent avoir pour l'indé-
,, pendance, ils ne laissent
,, pas de nourrir un secret
,, penchant pour une mai-
,, son qui les soumettra
,, tôt ou tard au pouvoir
,, despotique. 3°. Que les
,, divisions intestines dont
,, la République est pres-
,, que continuellement a-
, gitée, & ausquelles il est

,, impoſſible de remedier,
,, cauſeront quelque jour
,, ſa ruine. 4°. Que les
,, longues & cruelles guer-
,, res que la République
,, a eu à ſoutenir, ont en-
,, tierement épuiſé ſes fi-
,, nances, & l'ont miſe
,, hors d'état de réſiſter
,, aux attaques d'un Prin-
,, ce mécontent de ſa con-
,, duite. 5°. Enfin que la
,, multitude de Religions
,, qu'on y tolere jette né-
,, ceſſairement dans les
,, cœurs une aigreur, une
,, animoſité dont les ſuites
,, ne ſçauroient manquer
,, d'être funeſtes à la Ré-
,, publique.

FIN.

www.ingramcontent.com/pod-product-compliance
Lightning Source LLC
Chambersburg PA
CBHW070512100426
42743CB00010B/1814